AF187415

Impressum
Verlag: BABADADA GmbH, Nedderfeld 112 , 22529 Hamburg
Geschäftsführer / Verlagsleitung: Harald Hof
Druck: Books on Demand GmbH, In de Tarpen 42, 22848 Norderstedt

Imprint
Publisher: BABADADA GmbH, Nedderfeld 112 , 22529 Hamburg, Germany
Managing Director / Publishing direction: Harald Hof
Print: Books on Demand GmbH, In de Tarpen 42, 22848 Norderstedt, Germany

# škola
# la escuela

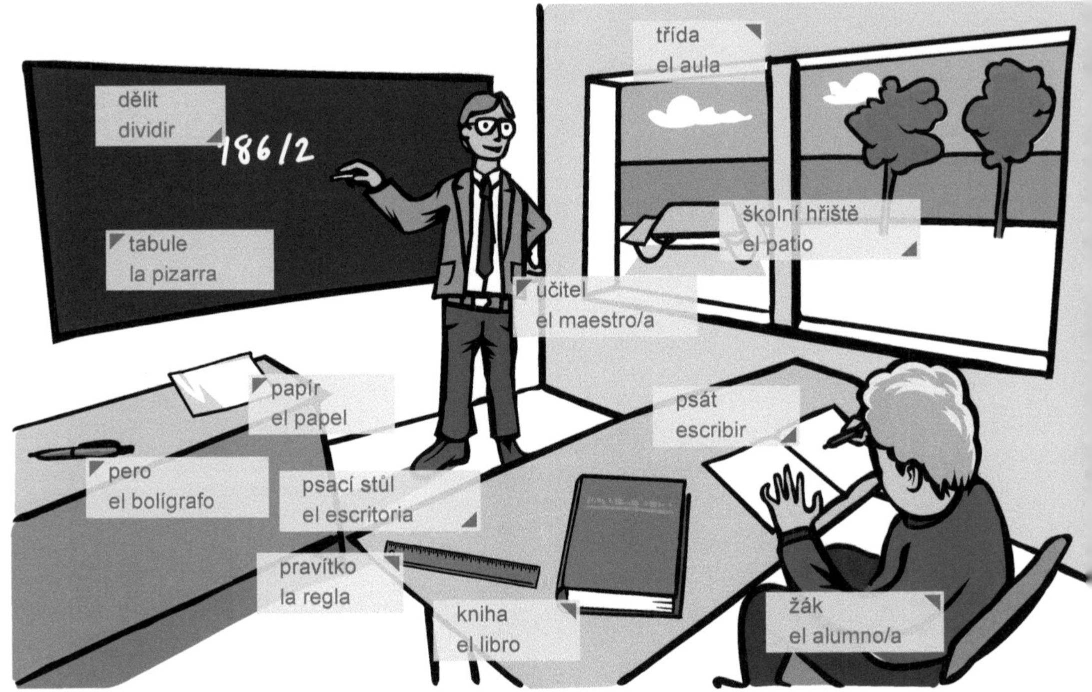

třída
el aula
dělit
dividir
186/2
tabule
la pizarra
školní hřiště
el patio
učitel
el maestro/a
papír
el papel
psát
escribir
pero
el bolígrafo
psací stůl
el escritoria
pravítko
la regla
kniha
el libro
žák
el alumno/a


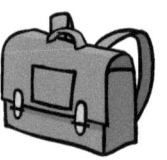

aktovka

la cartera

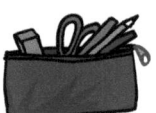

penál

la caja de lápices

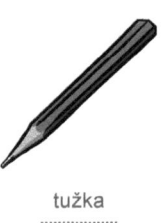

tužka

el lápiz

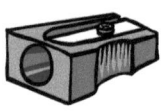

ořezávátko

el sacapuntas

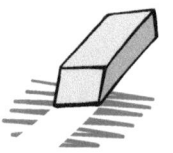

guma

la goma de borrar

blok na kreslení

el cuaderno de dibujo

výkres

el dibujo

štětec

el pincel

malířské potřeby

la caja de pinturas

nůžky

las tijeras

lepidlo

el pegamento

cvičebnice

el cuaderno de ejercicios

domácí úkol

los deberes

**12**

počet

el número

**2+2**

sčítat

sumar

**5-2**

odčítat

restar

**2×2**

násobit

multiplicar

počítat

calcular

**A**

písmeno

la letra

ABCDEFG
HIJKLMN
OPQRSTU
VWXYZ

abeceda

el alfabeto

**hello**

slovo

la palabra

text
el texto

číst
leer

křída
la tiza

hodina
la lección

třídní kniha
el cuaderno de notas

zkouška
el examen

vysvědčení
el certificado

školní uniforma
el uniforme

vzdělání
la educación

encyklopedie
la enciclopedia

univerzita
la universidad

mikroskop
el microscopio

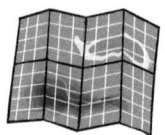

karta
el mapa

odpadkový koš na papír
la papelera

# cesta
# el viaje

hotel
el hotel
Grand
ubytovna
el albergue
ROOMS
CHANGE
ěnárna
oficina de cambio de divisas
kufr
la maleta
auto
el coche

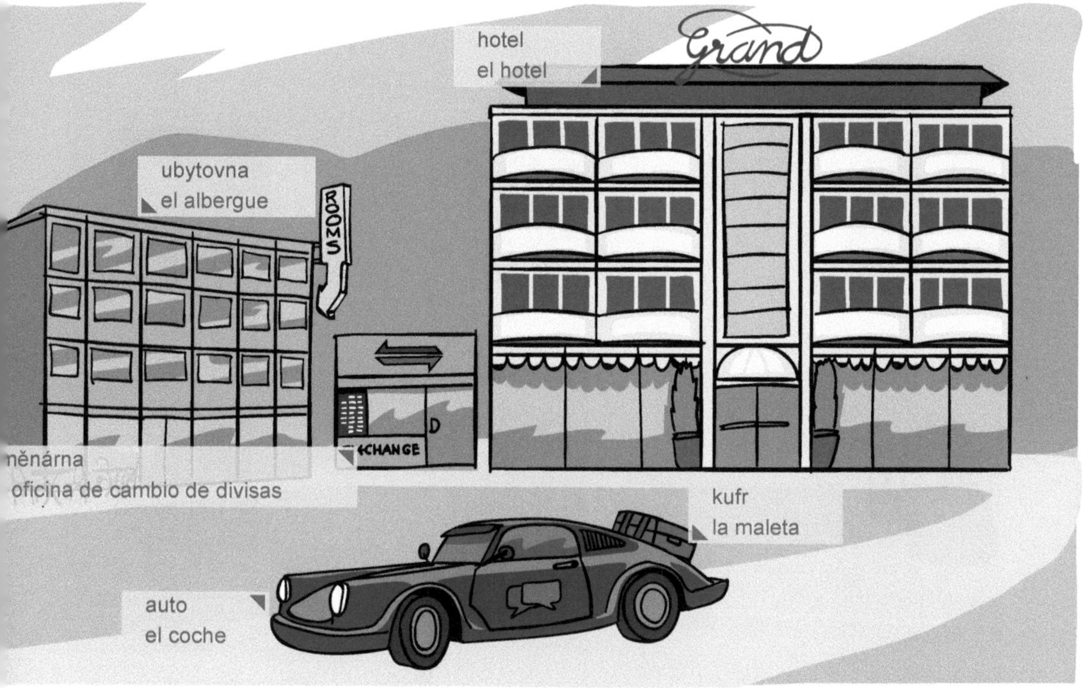

jazyk

el idioma

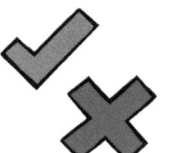

ano / ne

sí / no

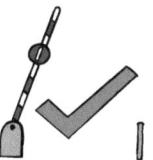

oukej

Vale

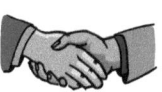

Ahoj!

hola

překladatel

el traductor

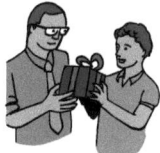

děkuji

Gracias

Kolik stojí...?

¿cuánto es...?

nerozumím

No entiendo

problém

el problema

Dobrý večer!

¡Buenas tardes!

Dobré ráno!

¡Buenos días!

Dobrou noc!

¡Buenas noches!

na shledanou

adiós

směr

la dirección

zavazadlo

el equipaje

taška

la bolsa

batoh

la mochila

host

el invitado

pokoj

la habitación

spací pytel

el saco de dormir

stan

la tienda de campaña

turistické informace
la información turística

pláž
la playa

kreditní karta
la tarjeta de crédito

snídaně
el desayuno

oběd
el almuerzo

večeře
la cena

jízdenka
el billete

výtah
el ascensor

poštovní známka
el sello

hranice
la frontera

clo
la aduana

poselství
la embajada

vízum
la visa

pas
el pasaporte

# transport
## el transporte

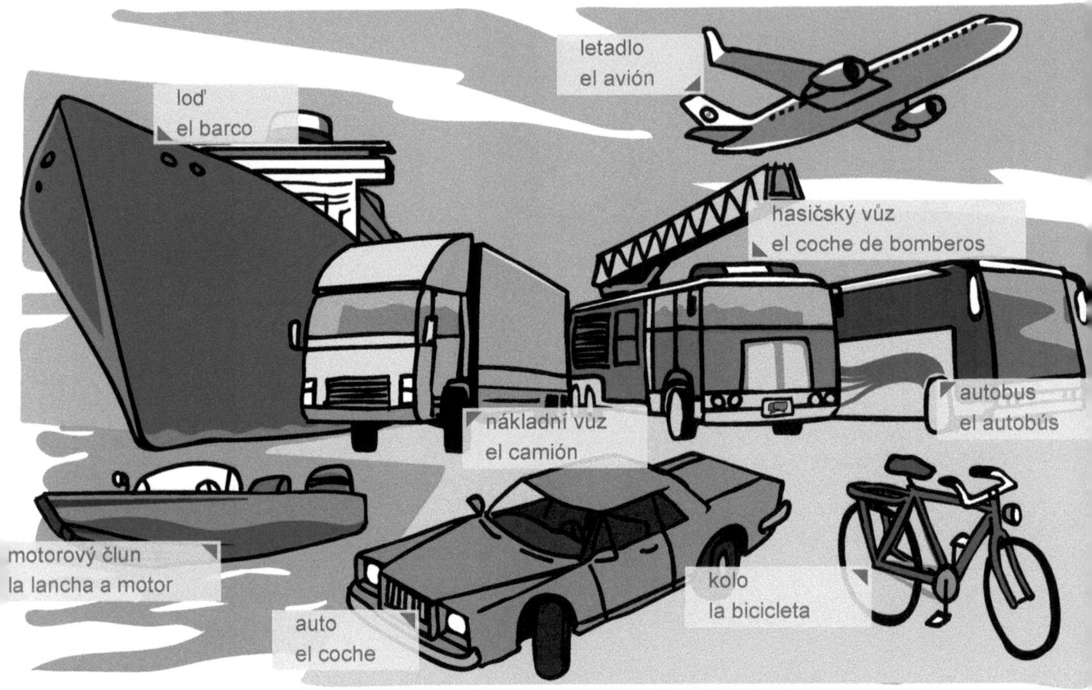

letadlo
el avión

loď
el barco

hasičský vůz
el coche de bomberos

autobus
el autobús

nákladní vůz
el camión

motorový člun
la lancha a motor

kolo
la bicicleta

auto
el coche

přívoz

el transbordador

člun

la barca

motorka

la moto

policejní auto

el coche de policía

závodní auto

el coche de carreras

pronajaté auto

el coche de alquiler

sdílení aut

el préstamo de vehículos

odtahová služba

la grúa

popelářský vůz

el camión de la basura

motor

el motor

palivo

la gasolina

čerpací stanice

la gasolinera

dopravní značka

la señal de tráfico

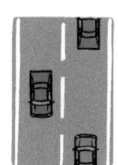

doprava

el tráfico

dopravní zácpa

el atasco

parkoviště

el aparcamiento

vlakové nádraží

la estación de tren

koleje

las vías

vlak

el tren

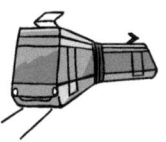

tramvaj

el tranvía

vagón

el vagón

helikoptéra

el helicóptero

letiště

el aeropuerto

věž

la torre

pasažér

el pasajero

kontejner

el contenedor

kartón

la caja de cartón

trakař

la carretilla

koš

la cesta

vzlétnout / přistát

despegar / aterrizar

## město

## la ciudad

vesnice

el pueblo

střed města

el centro de la ciudad

dům

la casa

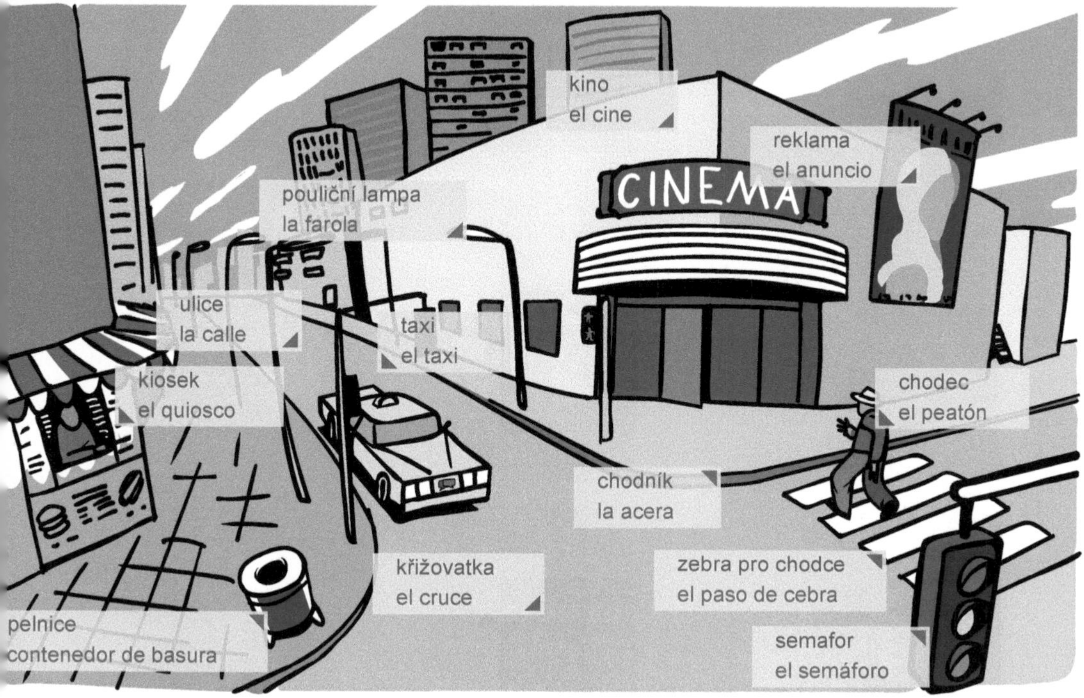

kino
el cine

reklama
el anuncio

pouliční lampa
la farola

ulice
la calle

taxi
el taxi

kiosek
el quiosco

CINEMA

chodec
el peatón

chodník
la acera

křižovatka
el cruce

zebra pro chodce
el paso de cebra

pelnice
contenedor de basura

semafor
el semáforo

chata
la cabaña

byt
el apartamento

vlakové nádraží
la estación de tren

radnice
el ayuntamiento

muzeum
el museo

škola
la escuela

univerzita

la universidad

banka

el banco

nemocnice

el hospital

hotel

el hotel

lékárna

la farmacia

kancelář

la oficina

knihkupectví

la librería

obchod

la tienda de campaña

květinářství

la floristería

supermarket

el supermercado

tržnice

el mercado

obchodní dům

los grandes almacenes

rybárna

la pescadería

nákupní centrum

el centro comercial

přístav

el puerto

park
el parque

lavička
el banco

most
el puente

schody
las escaleras

metro
el metro

tunel
el túnel

autobusová zastávka
la parada de autobús

bar
el bar

restaurace
el restaurante

poštovní schránka
el buzón

pouliční tabule
el poste indicador

parkovací hodiny
el parquímetro

zoo
el zoo

plovárna
la piscina

mešita
la mezquita

usedlost
................
la granja

znečišťování životního
prostředí
................
la contaminación

hřbitov
................
el cementerio

církev
................
la iglesia

hřiště
................
el patio de juego

chrám
................
el templo

# krajina
## el paisaje

list
la hoja

rozcestník
la señal

cesta
el camino

louka
el prado

kámen
la piedra

strom
el árbol

turista
el excursionista

řeka
el río

tráva
la hierba

květina
la flor

údolí

el valle

hora

la colina

jezero

el lago

les

el bosque

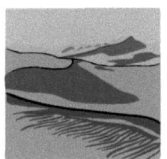

poušť

el desierto

sopka

el volcán

zámek

el castillo

duha

el arcoíris

houba

el champiñón

palma

la palmera

komár

el mosquito

moucha

la mosca

mravenec

la hormiga

včela

la abeja

pavouk

la araña

brouk

el escarabajo

žába

la rana

veverka

la ardilla

ježek

el erizo

zajíc

la liebre

sova

la lechuza

pták

el pájaro

labuť

el cisne

divoké prase

el jabalí

jelen

el ciervo

los

el alce

přehrada

la presa

větrné kolo

la turbina eólica

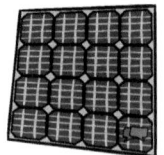

solární panel

el panel solar

podnebí

el clima

# restaurace
# el restaurante

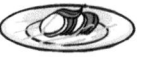

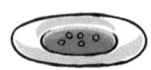

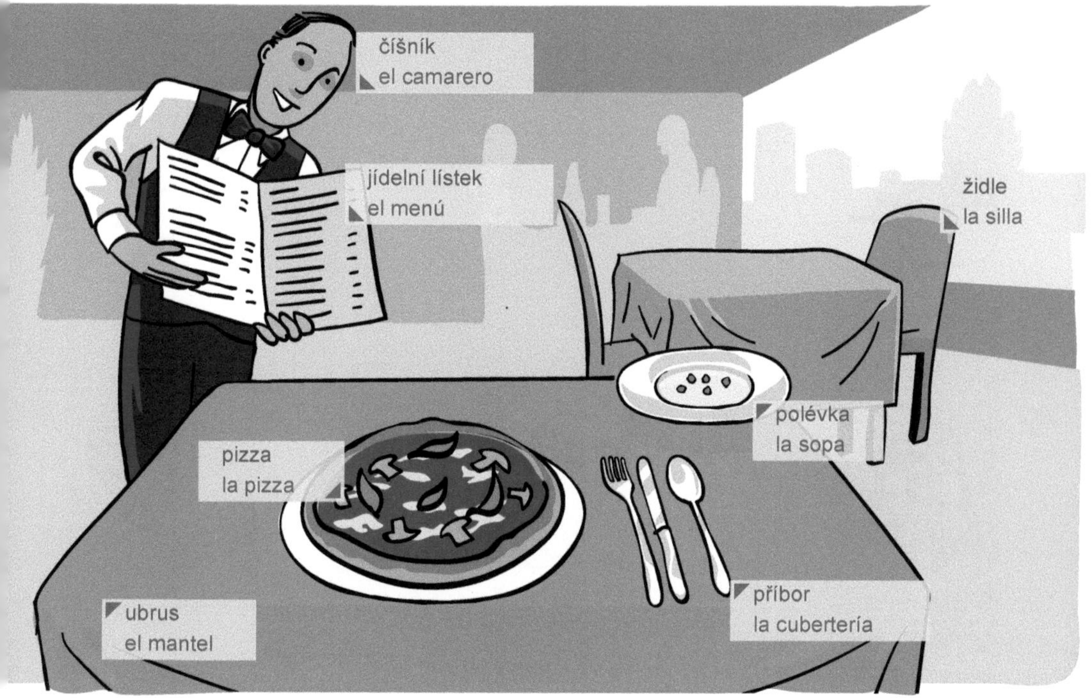
číšník
el camarero
jídelní lístek
el menú
židle
la silla
polévka
la sopa
pizza
la pizza
příbor
la cubertería
ubrus
el mantel

předkrm

el primer plato

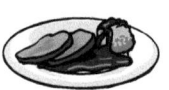

hlavní chod

el plato principal

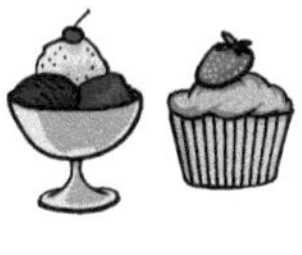

dezert

el postre

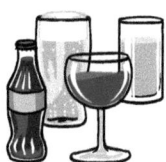

nápoje

las bebidas

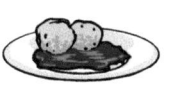

jídlo

la comida

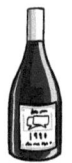

láhev

la botella

rychlé občerstvení

la comida rápida

pouliční občerstvení

la comida callejera

čajová konvice

la tetera

cukřenka

el azucarero

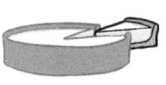

porce

la porción

kávovar na espresso

la cafetera expreso

dětská stolička

la trona

faktura

la cuenta

tác

la bandeja

nůž

el cuchillo

vidlička

el tenedor

lžíce

la cuchara

čajová lyžička

la cucharilla

ubrousek

la servilleta

sklenička

el vaso

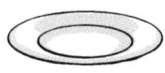

talíř

el plato

talíř na polévku

el plato hondo

podšálek

el platillo

omáčka

la salsa

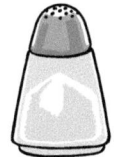

slánka

el salero

mlýnek na pepř

el molinillo de pimienta

ocet

el vinagre

olej

el aceite

koření

las especias

kečup

el ketchup

hořčice

la mostaza

majonéza

la mayonesa

# supermarket
# el supermercado

nabídka
la oferta especial
FOR
zákazník
el cliente
mléčné výrobky
los lácteos
ovoce
la fruta
nákupní vozík
el carro de compra


BUTCHERS


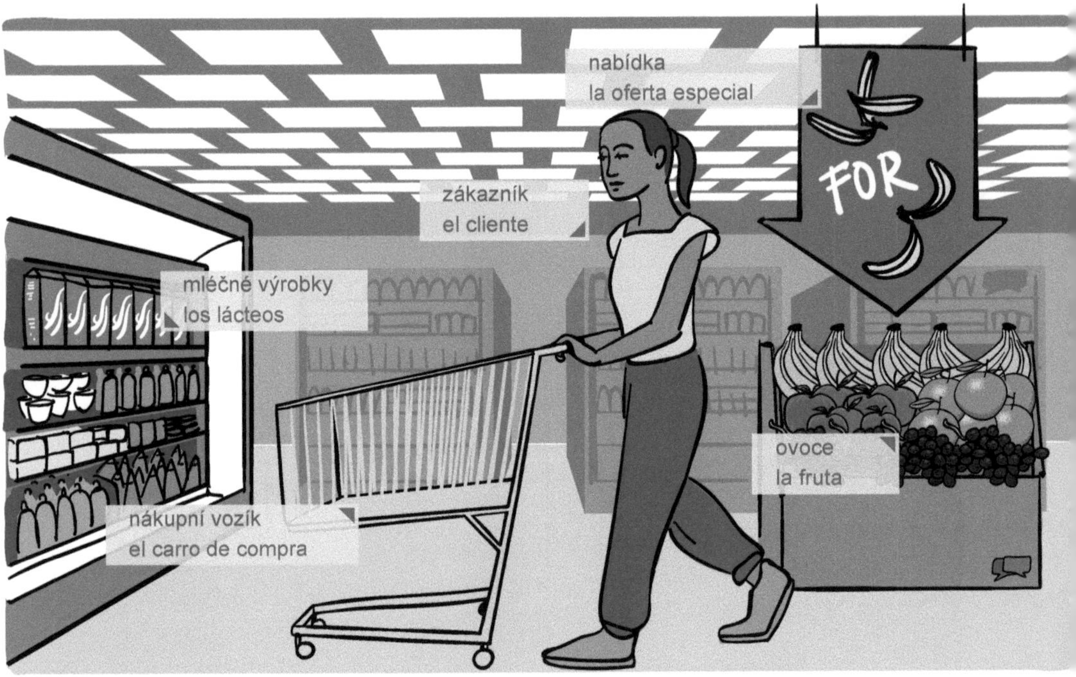

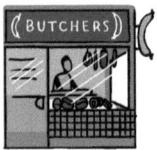

masna

la carniceria

BAKERY

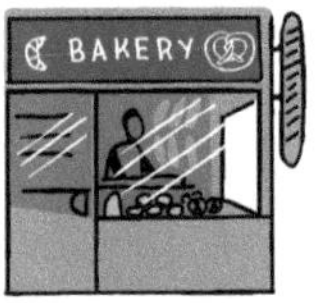

pekařství

la panadería

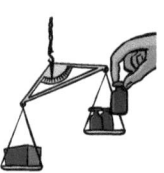

vážit

pesar

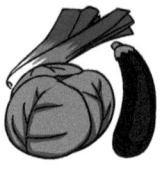

zelenina

las verduras

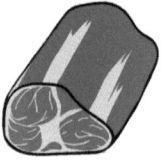

maso

la carne

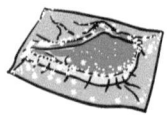

mražené potraviny

los alimentos congelados

obložený talíř

los fiambres

konzervy

las conservas

prací prášek

el detergente en polvo

cukrovinky

los dulces

výrobky pro domácnost

productos de uso doméstico

čisticí prostředek

productos de limpieza

prodavačka

la vendedora

pokladna

la caja de cartón

pokladní

el cajero

nákupní seznam

la lista de la compra

otevírací doba

el horario de atención al público

peněženka

la cartera

kreditní karta

la tarjeta de crédito

taška

la bolsa de plástico

igelitová taška

la bolsa de plástico

voda

el agua

džus

el zumo

mléko

la leche

kola

la cola

víno

el vino

pivo

la cerveza

alkohol

el alcohol

kakao

el cacao

čaj

el té

káva

el café

espresso

el expreso

kapučíno

el capuchino

banán

el plátano

jablko

la manzana

pomeranč

la naranja

meloun

el melón

citrón

el limón

mrkev

la zanahoria

česnek

el ajo

bambus

el bambú

cibule

la cebolla

houba

el champiñón

ořechy

las avellanas

těstoviny

los fideos

**špageti**

las espagueti

**rýže**

el arroz

**salát**

la ensalada

**hranolky**

las patatas fritas

**americké brambory**

las patatas fritas

**pizza**

la pizza

**hamburger**

la hamburguesa

**sendvič**

el sándwich

**řízek**

el filete

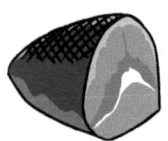

**šunka**

el jamón

**salám**

le salami

**salám**

la salchicha

**kuře**

el pollo

**pečeně**

el asado

**ryby**

el pescado

ovesné vločky

los copos de avena

müsli

el muesli

vločky

los copos de maíz

mouka

la harina

croissant

el cruasán

houska

el panecillo

chléb

el pan

toast

la tostada

sušenky

las galletas

máslo

la mantequilla

tvaroh

la cuajada

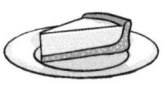

buchta

el pastel

vejce

el huevo

volské oko

el huevo frito

sýr

el queso

zmrzlina

el helado

cukr

el azúcar

med

la miel

marmeláda

la mermelada

nugátový krém

la crema de turrón

kari

el curry

# usedlost
# la granja

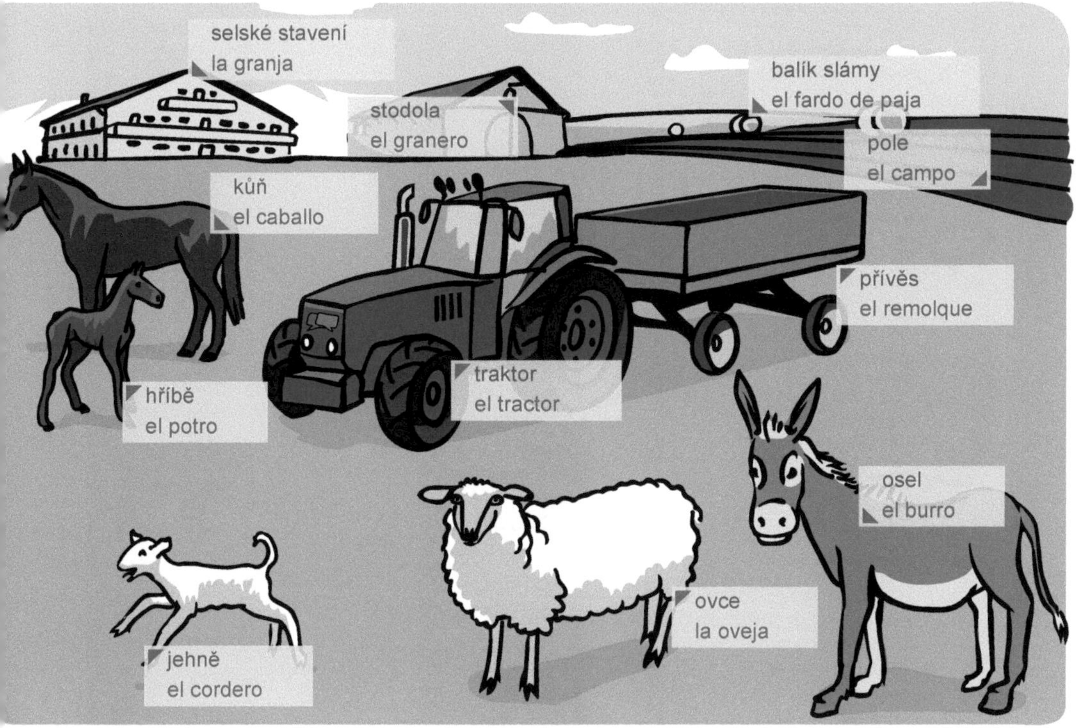

selské stavení
la granja
stodola
el granero
balík slámy
el fardo de paja
pole
el campo
kůň
el caballo
přívěs
el remolque
traktor
el tractor
hříbě
el potro
osel
el burro
ovce
la oveja
jehně
el cordero


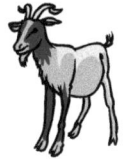

koza

la cabra

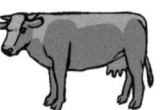

kráva

la vaca

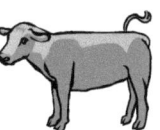

tele

el ternero

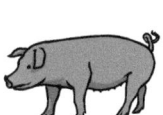

prase

el cerdo

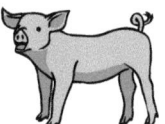

sele

el cerdito

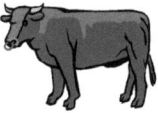

býk

el toro

husa
el ganso

kachna
el pato

kuře
el pollo

slepice
la gallina

kohout
el gallo

krysa
la rata

kočka
el gato

myš
el ratón

vůl
el buey

pes
el perro

psí bouda
la perrera

zahradní hadice
la manguera

kropicí konev
la regadera

kosa
la guadaña

pluh
el arado

srp

la hoz

motyka

la azada

vidle

la horca

sekera

el hacha

kolecko

la carretilla

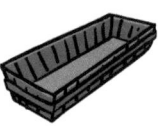

koryto

el abrevadero

konev na mléko

la lechera

pytel

el saco

plot

la valla

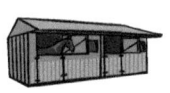

stáj

el establo

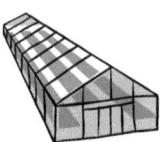

skleník

el invernadero

půda

el suelo

osivo

la semilla

hnojivo

el fertilizador

kombajn

la cosechadora

sklidit

cosechar

sklizeň

la cosecha

smldinec

el ñame

pšenice

el trigo

sója

el soja

brambora

la patata

kukuřice

el maíz

řepka

la semilla de colza

ovocný strom

el árbol frutal

maniok

la mandioca

obilí

las cereales

# dům
# la casa

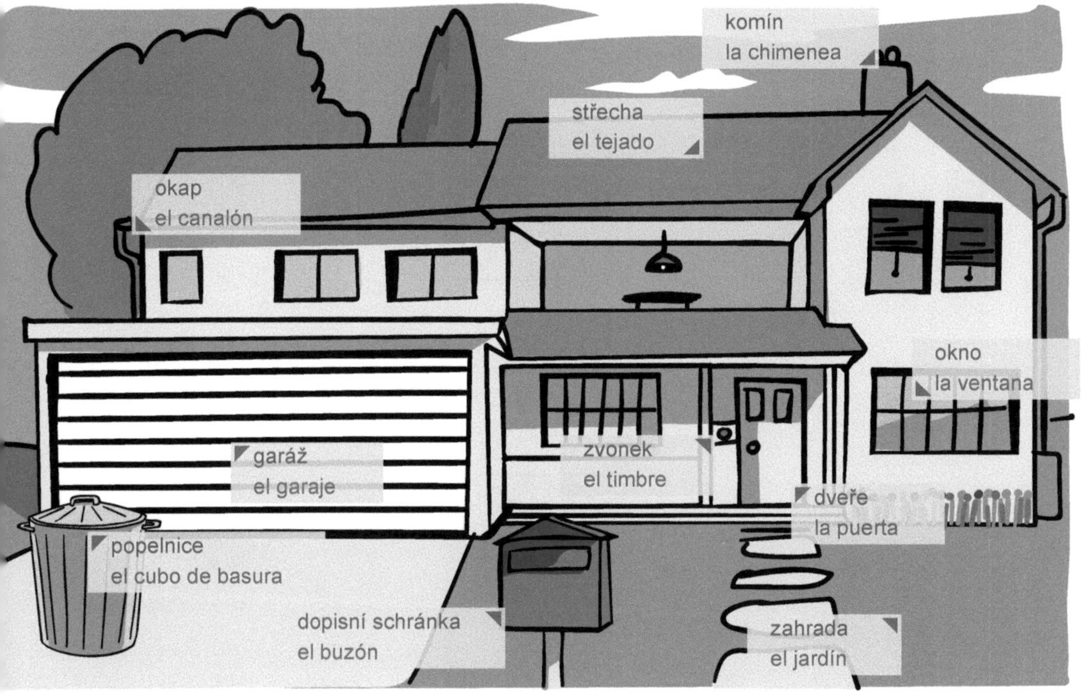
komín
la chimenea
střecha
el tejado
okap
el canalón
okno
la ventana
garáž
el garaje
zvonek
el timbre
dveře
la puerta
popelnice
el cubo de basura
dopisní schránka
el buzón
zahrada
el jardín

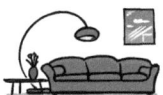

obývací pokoj

la sala

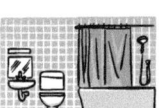

koupelna

el cuarto de baño

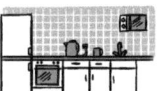

kuchyně

la cocina

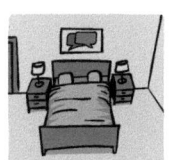

ložnice

el dormitorio

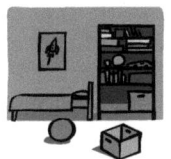

dětský pokoj

la habitación de los niños

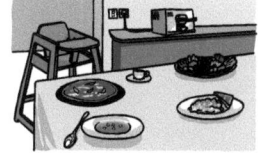

jídelna

el comedor

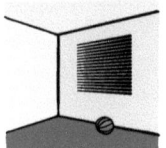

podlaha
el suelo

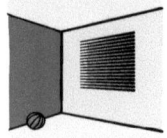

zeď
la pared

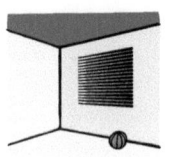

deka
el techo

sklep
el sótano

sauna
la sauna

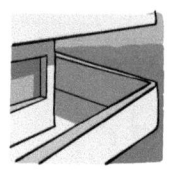

balkón
el balcón

terasa
la terraza

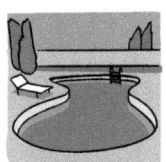

bazén
la piscina

sekačka na trávu
el cortacésped

ložní prádlo
la sábana

lůžková přikrývka
la colcha

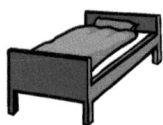

postel
la cama

smeták
la escoba

kýbl
el balde

vypínač
el interruptor

# obývací pokoj
## la sala

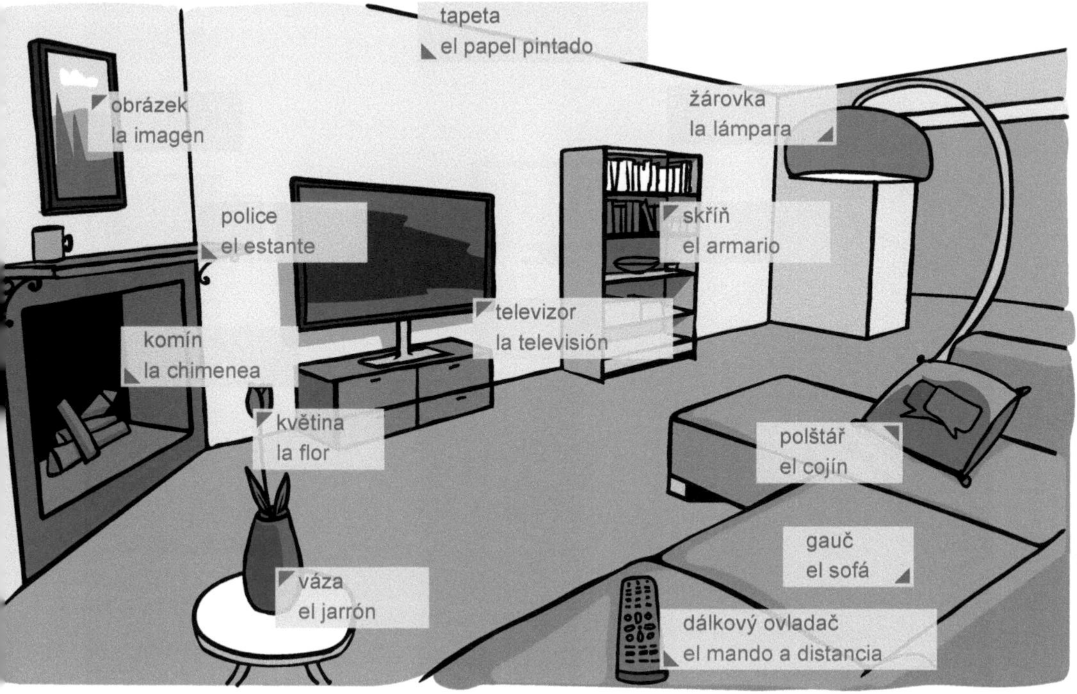

tapeta
el papel pintado
obrázek
la imagen
žárovka
la lámpara
police
el estante
skříň
el armario
televizor
la televisión
komín
la chimenea
květina
la flor
polštář
el cojín
gauč
el sofá
váza
el jarrón
dálkový ovladač
el mando a distancia


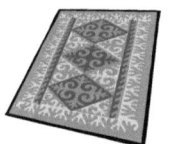

koberec

la alfombra

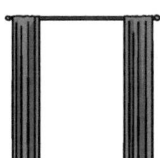

závěs

la cortina

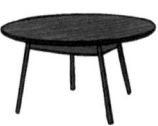

stůl

la mesa

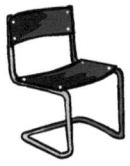

židle

la silla

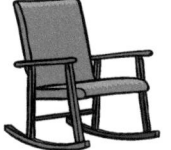

houpací křeslo

el mecedora

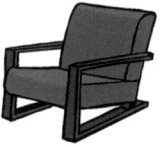

křeslo

la butaca

kniha

el libro

strop

la manta

ozdoba

la decoración

palivové dříví

la leña

film

la película

stereo souprava

el equipo de música

klíč

la llave

noviny

el periódico

malba

la pintura

plakát

el póster

rádio

la radio

poznámkový blok

el cuaderno

vysavač

la aspiradora

kaktus

el cactus

svíce

la vela

# kuchyně
# la cocina

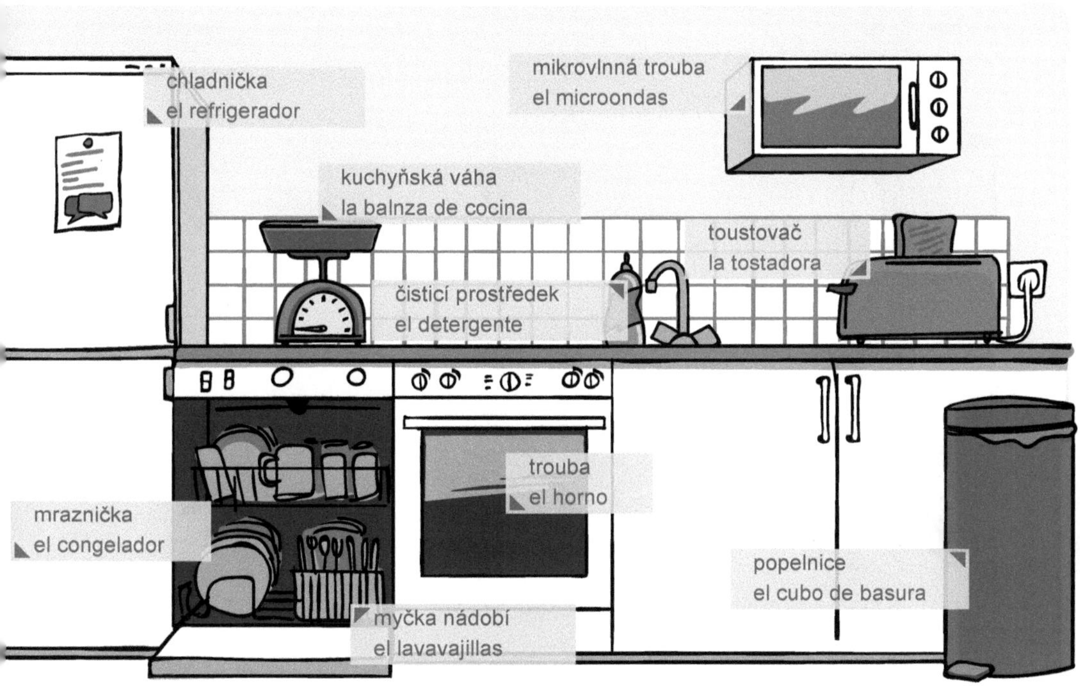
chladnička
el refrigerador
mikrovlnná trouba
el microondas
kuchyňská váha
la balnza de cocina
toustovač
la tostadora
čisticí prostředek
el detergente
trouba
el horno
mraznička
el congelador
popelnice
el cubo de basura
myčka nádobí
el lavavajillas

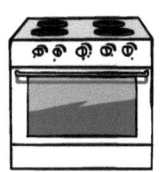

sporák
la olla a presión

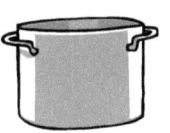

hrnec
la olla

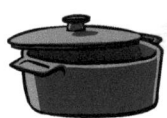

litinový hrnec
la olla de hierro fundido

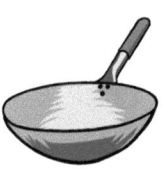

wok / kadai
el wok

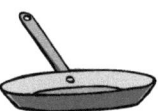

pánev
la cazuela

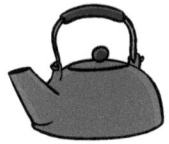

varná konvice
el hervidor

parní hrnec

la vaporera

plech na pečení

la chapa de horno

nádobí

la vajilla

hrnek

la taza

miska

el tazón

jídelní hůlky

los palillos

naběračka

el cucharón

obracečka

la espumadera

metla

el batidor

síto

el colador

cedník

el cedazo

struhadlo

el rallador

hmoždíř

el mortero

gril

la barbacoa

ohniště

la hoguera

prkénko na krájení

la tabla de picar

váleček na těsto

el rodillo

vývrtka

el sacacorchos

dóza

la lata

otvírák na konzervy

el abrelatas

chňapka

el agarrador

umyvadlo

el lavabo

kartáč na nádobí

el cepillo

houba

la esponja

mixér

la batidora

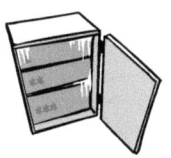

mrazák

el congelador

dětská lahev

el biberón

kohoutek

el grifo

# koupelna
## el cuarto de baño

topení
la calefacción

sprcha
la ducha

ručník
la toalla

sprchový závěs
la cortina de la ducha

pěnová koupel
el baño de espuma

vana
la bañera

sklenička
el vaso

pračka
la lavadora

kohoutek
el grifo

obkladačky
las baldosas

nočník
el orinal

umyvadlo
el lavabo

záchod

el inodoro

turecký záchod

el inodoro rústico

bidet

el bidé

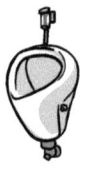

pisoár

el urinario

toaletní papír

el papel higiénico

záchodová štětka

la escobilla del váter

zubní kartáček

el cepillo de dientes

zubní pasta

la pasta de dientes

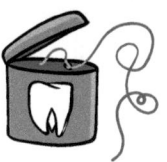

zubní niť

el hilo dental

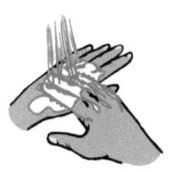

mýt

lavar

ruční sprcha

la ducha de mano

intimní sprcha

la ducha íntima

umyvadlo

la pila

kartáč na záda

el cepillo de espalda

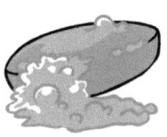

mýdlo

el jabón

sprchový gel

el gel de ducha

šampón

el champú

žínka

la toallita

odpad

el desagüe

krém

la crema

deodorant

el desodorante

zrcadlo

el espejo

kosmetické zrcátko

el espejo de tocador

holicí strojek

la maquinilla de afeitar

pěna na holení

la espuma de afeitar

voda po holení

la loción postafeitado

hřeben

el peine

kartáč

el cepillo

fén

el secador

lak na vlasy

la laca

makeup

el maquillaje

rtěnka

el pintalabios

lak na nehty

el pintauñas

vata

el algodón

nůžky na nehty

el cortauñas

parfém

el perfume

koupelna - el cuarto de baño

aška s toaletními potřebami

el estuche de viaje

stolička

la banqueta

váha

la balanza

župan

el albornoz

gumové rukavice

los guantes de goma

tampón

el tampón

dámská vložka

la compresa

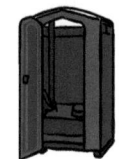

chemická toaleta

el inodoro químico

# dětský pokoj

# la habitación de los niños

budík
el despertador
plyšová hračka
el peluche
autíčko
el coche de juguete
chrastítko
el sonajero
domeček pro panenky
la casa de muñecas
dárek
el regalo

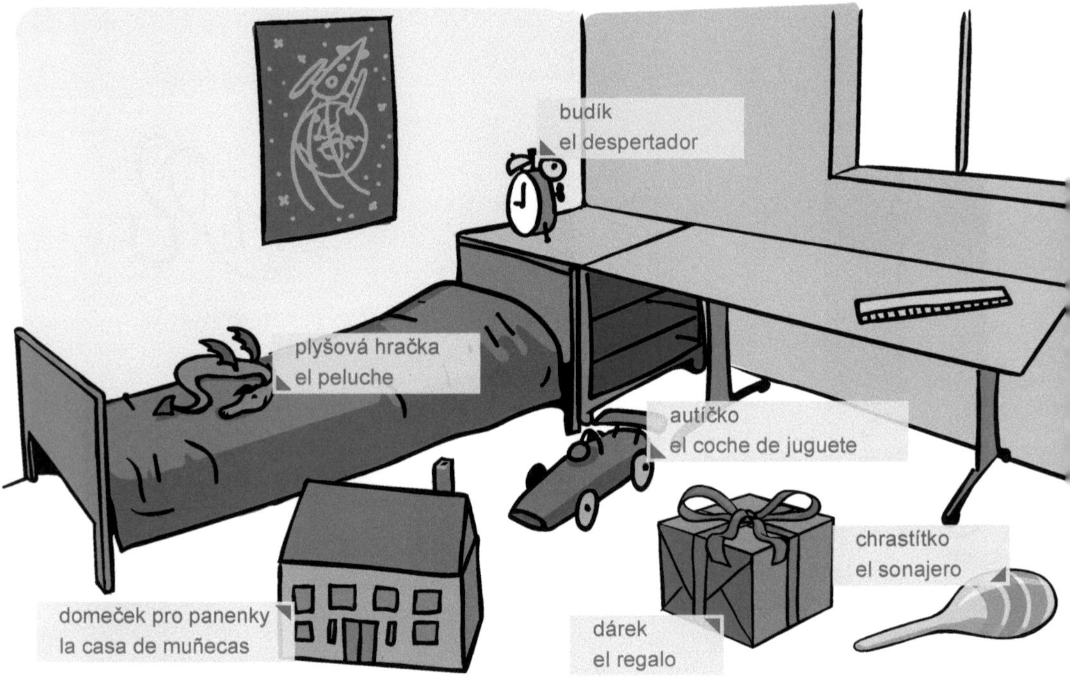

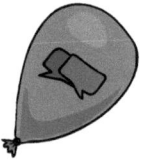

balón

el globo

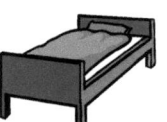

postel

la cama

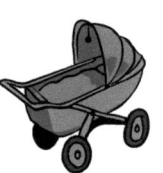

kočárek

el coche de niño

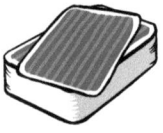

balíček karet

los naipes

puzzle

el puzle

SUPER MEGA

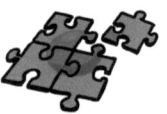

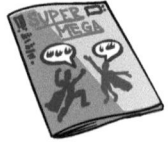

komiks

el tebeo

lego kostky

las piezas de lego

stavebnice

los bloques de juguete

akční figurka

la figura de acción

dupačky

el bodi (de bebé)

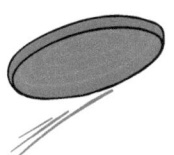

frisbee

el frisbee

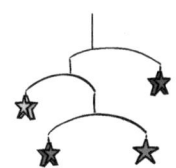

závěsné hračky nad postýlku

el colgador móvil para bebés

desková hra

el juego de mesa

kostky

los dados

modelová železnice

el circuito de tren eléctrico

dudlík

el maniquí

oslava

la fiesta

obrázková kniha

el álbum de fotos

míč

la pelota

panenka

la muñeca

hrát si

jugar

pískoviště

el cajón de arena

houpačka

el columpio

hračky

los juguetes

hrací konzole

la videoconsola

tříkolka

el triciclo

medvídek

el oso de peluche

šatník

la guardarropa

# oblečení

## la ropa

ponožky

los calcetines

punčochy

las medias

punčochové kalhoty

los leotardos

šála
la bufanda

deštník
el paraguas

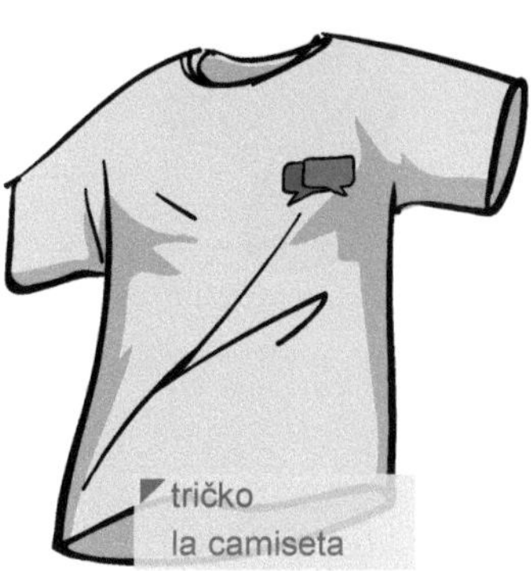

pásek
el cinturón

tričko
la camiseta

tenisky
las deportivas

kozačky
las botas

domácí obuv
las zapatillas

sandály
...............
las sandalias

obuv
...............
los zapatos

holínky
...............
las botas de goma

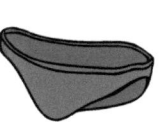

spodní prádlo
...............
el slip

podprsenka
...............
el sostén

nátělník
...............
el chaleco

body
el bodi

kalhoty
los pantalones cortos

džíny
los vaqueros

sukně
la falda

blůza
la blusa

košile
la camisa

svetr
el jersey

mikina
el suéter

blejzr
el blazer

bunda
la chaqueta

kabát
el abrigo

pláštěnka
la gabardina

kostým
el traje

šaty
el vestido

svatební šaty
el vestido de novia

oblek

el traje

noční košile

el camisón

pyžamo

el pijama

sárí

el sati

šátek na hlavu

el bandana

turban

el turbante

burka

la burka

kaftan

el caftán

abája

la abaya

plavky

el traje de baño

pánské plavky

el bañador

kraťasy

los pantalones cortos

teplaková souprava

el chándal

zástěra

el delantal

rukavice

los guantes

knoflík
el botón

brýle
las gafas

náramek
el brazalete

náhrdelník
el collar

prsten
el anillo

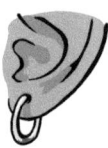

náušnice
el pendiente

čepice
la gorra

ramínko
la percha

klobouk
el sombrero

kravata
la corbata

zip
la cremallera

helma
el casco

kšandy
los tirantes

školní uniforma
el uniforme

uniforma
el uniforme

bryndák
...................
el babero

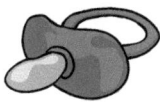

dudlík
...................
el maniquí

plena
...................
el pañal

## kancelář
## la oficina

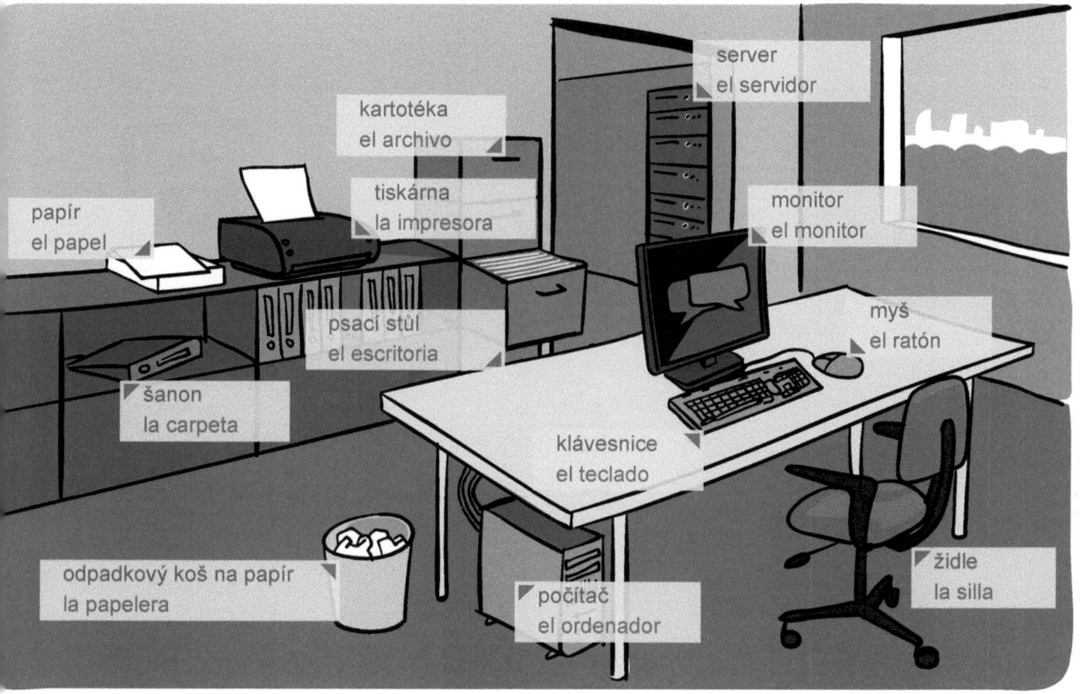

server
el servidor

kartotéka
el archivo

tiskárna
la impresora

papír
el papel

monitor
el monitor

psací stůl
el escritoria

myš
el ratón

šanon
la carpeta

klávesnice
el teclado

odpadkový koš na papír
la papelera

židle
la silla

počítač
el ordenador

hrnek na kávu
...................
la taza de café

kalkulačka
...................
la calculadora

internet
...................
el internet

notebook

el portátil

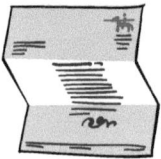

dopis

la carta

zpráva

el mensaje

mobil

el móvil

síť

la red

kopírka

la fotocopiadora

software

el software

telefon

el teléfono

zásuvka

la toma de corriente

fax

el fax

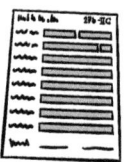

formulář

el formulario

dokument

el documento

nakupovat

comprar

zaplatit

pagar

jednat

comerciar

peníze

el dinero

dolar

el dólar

euro

el euro

jen

el yen

rubl

el rublo

frank

el franco suizo

juan

el renminbi yuan

rupie

la rupia

bankomat

el cajero automático

smĕnárna

la oficina de cambio de divisas

zlato

el oro

stříbro

la plata

olej

el petróleo

energie

la energía

cena

el precio

smlouva

el contrato

daň

el impuesto

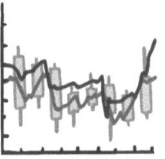

akcie

la acción

pracovat

trabajar

zamĕstnanec

el empleador

zamĕstnavatel

el empleador

továrna

la fábrica

obchod

la tienda de campaña

# povolání
# los oficios

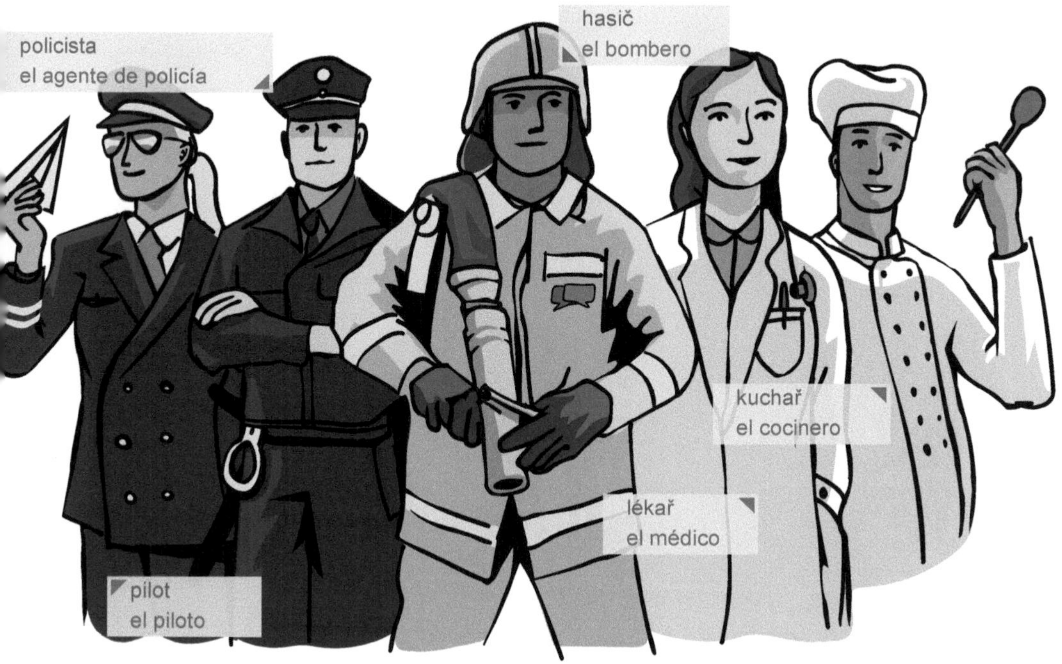
policista
el agente de policía
hasič
el bombero
kuchař
el cocinero
lékař
el médico
pilot
el piloto

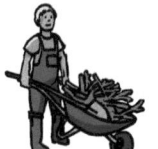

zahradník

el jardinero

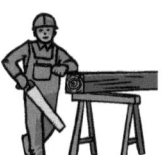

truhlář

el carpintero

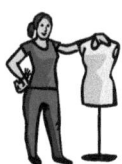

švadlena

la costurera

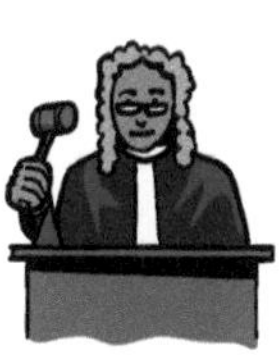

soudce

el juez

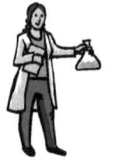

chemik

el farmacéutico

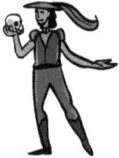

herec

el actor

řidič autobusu

el conductor de autobús

řidič taxi

el taxista

rybář

el pescador

uklízečka

la señora de la limpieza

pokrývač

el techador

číšník

el camarero

myslivec

el cazador

malíř

el pintor

pekař

el panadero

elektrikář

el electricista

stavební dělník

el obrero

inženýr

el ingeniero

řezník

el carnicero

klempíř

el fontanero

listonoš

el cartero

voják
el soldado

architekt
el arquitecto

pokladní
el cajero

florista
el florista

kadeřník
el peluquero

průvodčí
el revisor

mechanik
el mecánico

kapitán
el capitán

zubař
el dentista

vědec
el científico

rabín
el rabino

imám
el imán

mnich
el monje

duchovní
el sacerdote

# nářadí
# las herramientas

kladivo
el martillo
kleště
los alicates
šroubovák
el destornillador
klíč
la llave
kapesní svítilna
la linterna

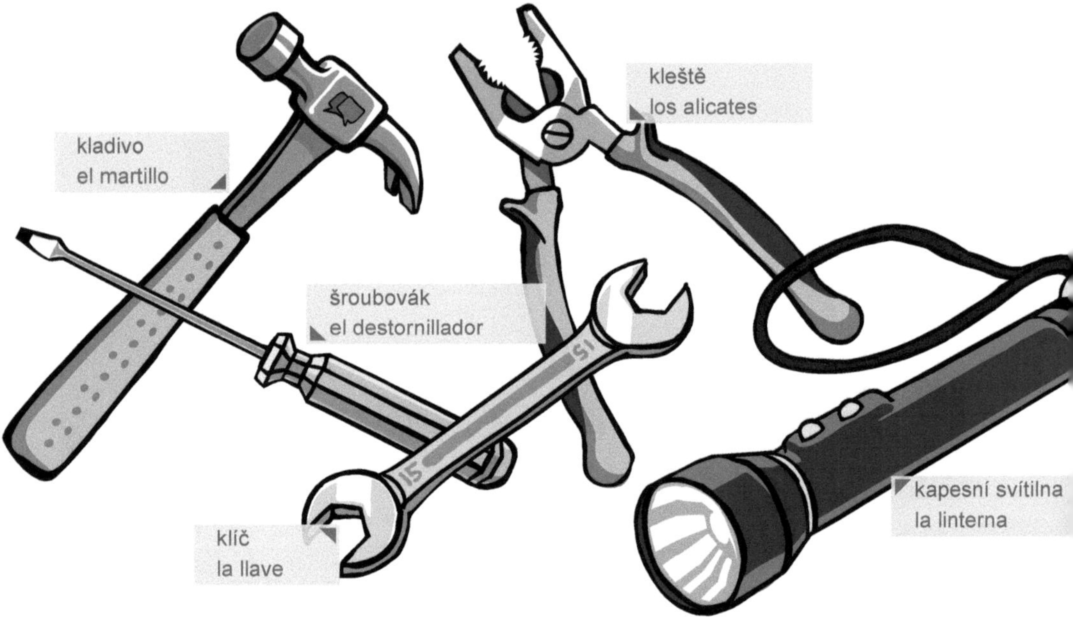

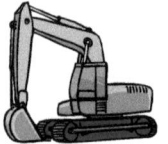

bagr

la excavadora

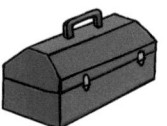

skříň na nářadí

la caja de herramientas

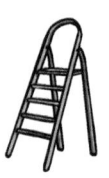

žebřík

la escalera de mano

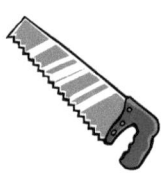

pila

la sierra

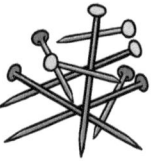

hřebíky

los clavos

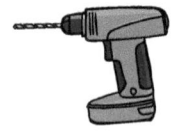

vrtačka

el taladro

opravit
reparar

lopata
la pala

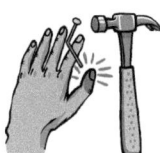

Kurva!
¡Maldita sea!

lopatka
el recogedor

vědroé na barvu
el bote de pintura

šrouby
los tornillos

## hudební nástroje
## los instrumentos musicales

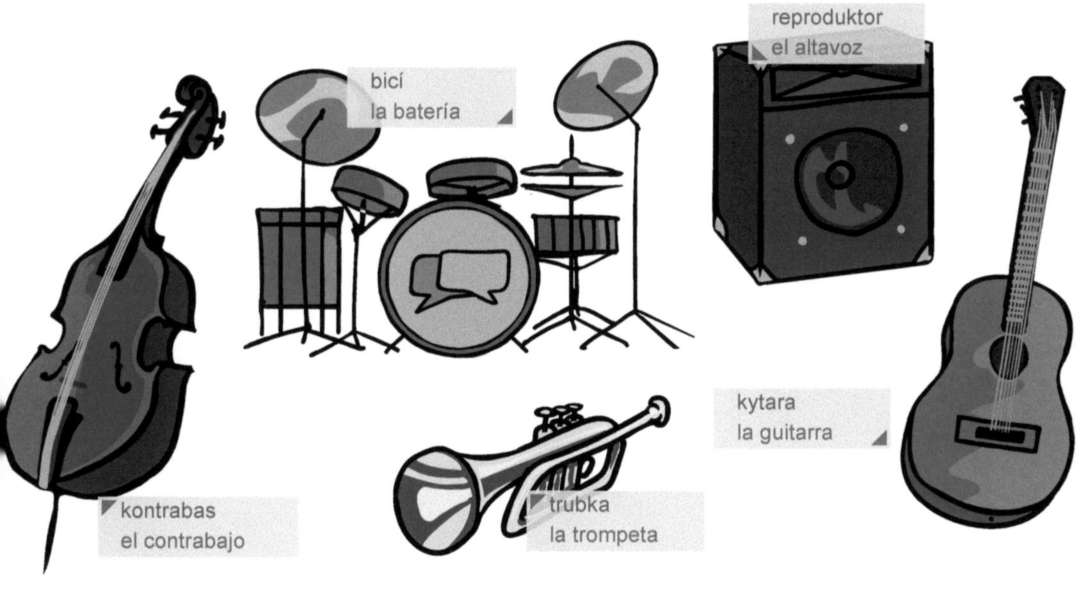

bicí
la batería

reproduktor
el altavoz

kontrabas
el contrabajo

trubka
la trompeta

kytara
la guitarra

klavír

el piano

housle

el violín

basa

bajo

tympán

los timbales

bubny

el tambor

keyboard

el teclado

saxofon

el saxofón

flétna

la flauta

mikrofon

el micrófono

vstup
la entrada

tygr
el tigre

klec
la jaula

zebra
la cebra

krmivo pro zvířata
el pienso

panda
el panda

zvířata
los animales

slon
el elefante

klokan
el canguro

nosorožec
el rinoceronte

gorila
el gorila

medvěd
el oso

velbloud

el camello

pštros

el avestruz

lev

el león

opice

el mono

plameňák

el flamingo

papoušek

el loro

lední medvěd

el oso polar

tučňák

el pingüino

žralok

el tiburón

páv

el pavo real

had

la serpiente

krokodýl

el cocodrilo

ošetřovatel zvířat

el guardián de zoológico

tuleň

la foca

jaguár

el jaguar

poník

el poni

leopard

el leopardo

hroch

el hipopótamo

žirafa

la jirafa

orel

el águila

divoké prase

el jabalí

ryby

el pescado

želva

la tortuga

mrož

la morsa

liška

el zorro

gazela

la gacela

americký fotbal
el fútbol americano

cyklistika
el ciclismo

tenis
el tenis

košíková
el baloncesto

plavání
la natación

box
el boxeo

lední hokej
el hockey sobre hielo

kopaná
el fútbol

badminton
el bádminton

lehká atletika
el atletismo

házená
el balonmano

běh na lyžích
el esquí

vodní pólo
el polo

# aktivity
## las actividades

smát se
reír
skočit
saltar
objímat
abrazar
jít
caminar
zpívat
cantar
snít
soñar
modlit se
rezar
políbit
besar

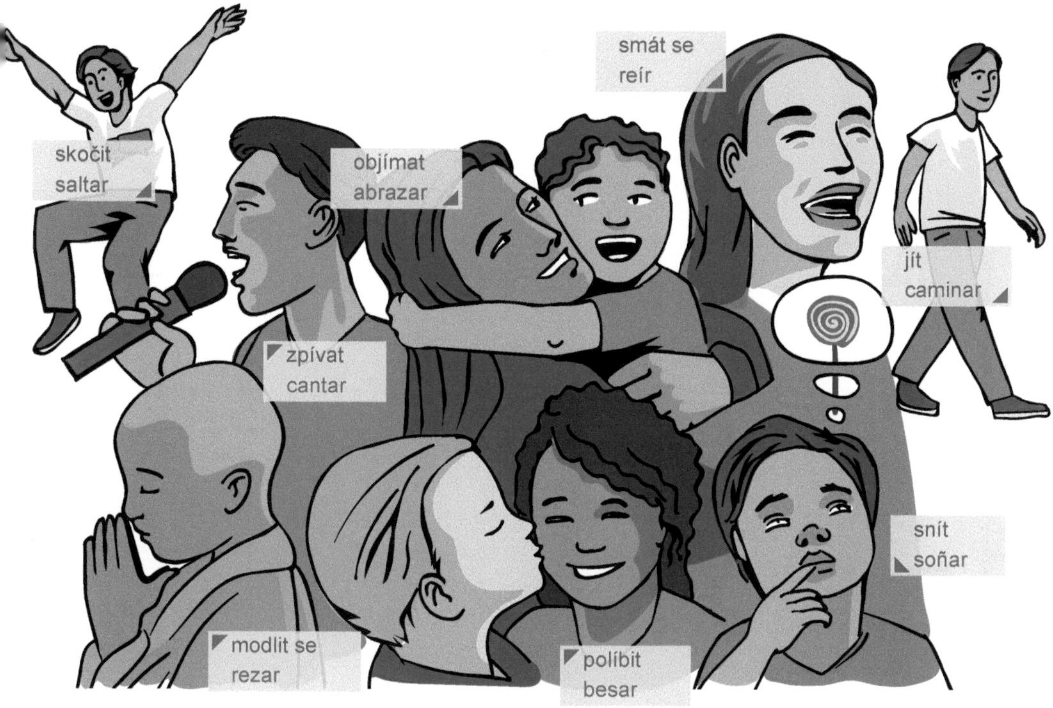

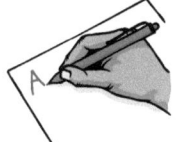

psát
escribir

kreslit
dibujar

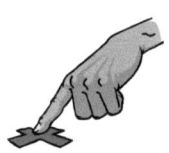

ukazovat
mostrar

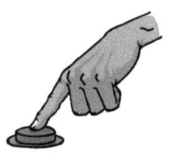

tlačit
empujar

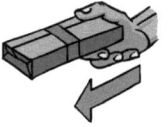

dát
dar

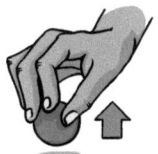

vzít si
tomar

mít
tener

dělat
hacer

být
ser

stát
estar de pie

běhat
correr

táhnout
tirar

hodit
tirar

padat
caer

ležet
yacer

čekat
esperar

nosit
llevar

sedět
estar sentado

oblékat
vestirse

spát
dormir

vzbudit se
despertar

prohlédnout si

mirar

plakat

llorar

pohladit

acariciar

česat

peinar

hovořit

hablar

rozumět

entender

ptát se

preguntar

slyšet

escuchar

pít

beber

jíst

comer

uklidit

ordenar

milovat

amar

vařit

cocinar

jet

conducir

letět

volar

plachtit

navegar

počítat

calcular

číst

leer

učit se

aprender

pracovat

trabajar

vzít si

casarse

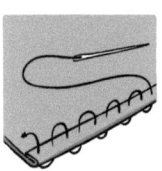

šít

coser

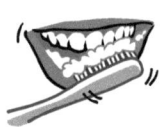

čistit si zuby

cepillarse los dientes

zabít

matar

kouřit

fumar

poslat

enviar

# rodina
# la familia

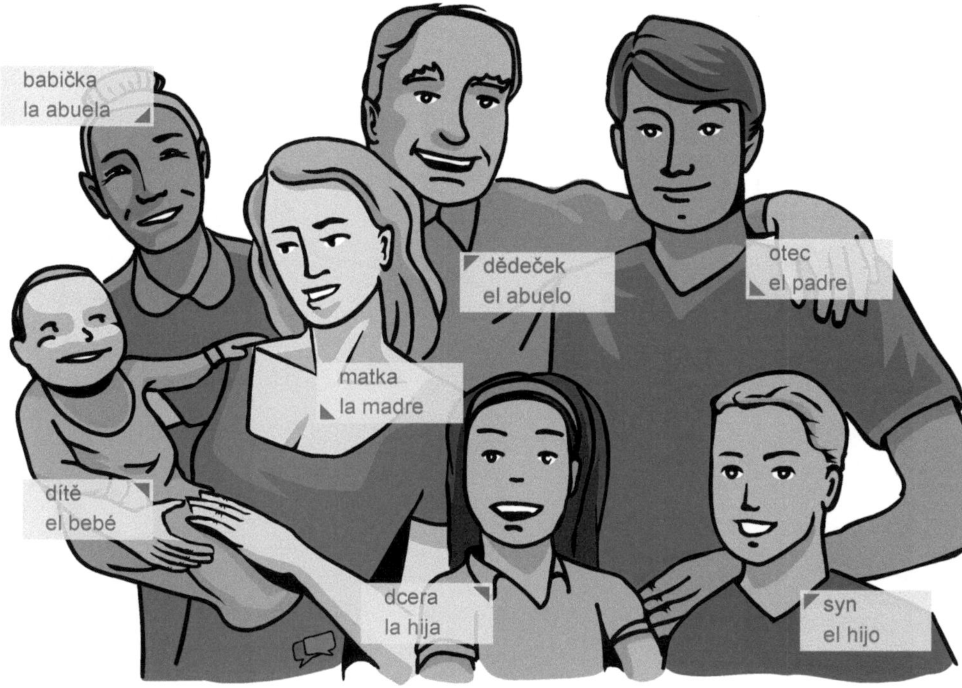
babička
la abuela
dědeček
el abuelo
otec
el padre
matka
la madre
dítě
el bebé
dcera
la hija
syn
el hijo

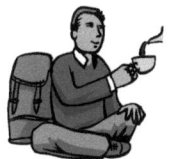

host
el invitado

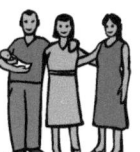

teta
la tía

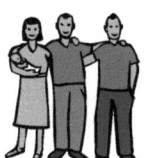

strýc
el tío

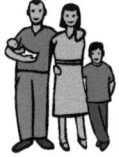

bratr
el hermano

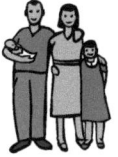

sestra
la hermana

# tělo
# el cuerpo

čelo
la frente
oko
el ojo
rameno
el hombro
prst
el dedo
obličej
la cara
brada
la barbilla
ruka
la mano
dolní končetina
la pierna
hruď
el pecho
paže
el brazo

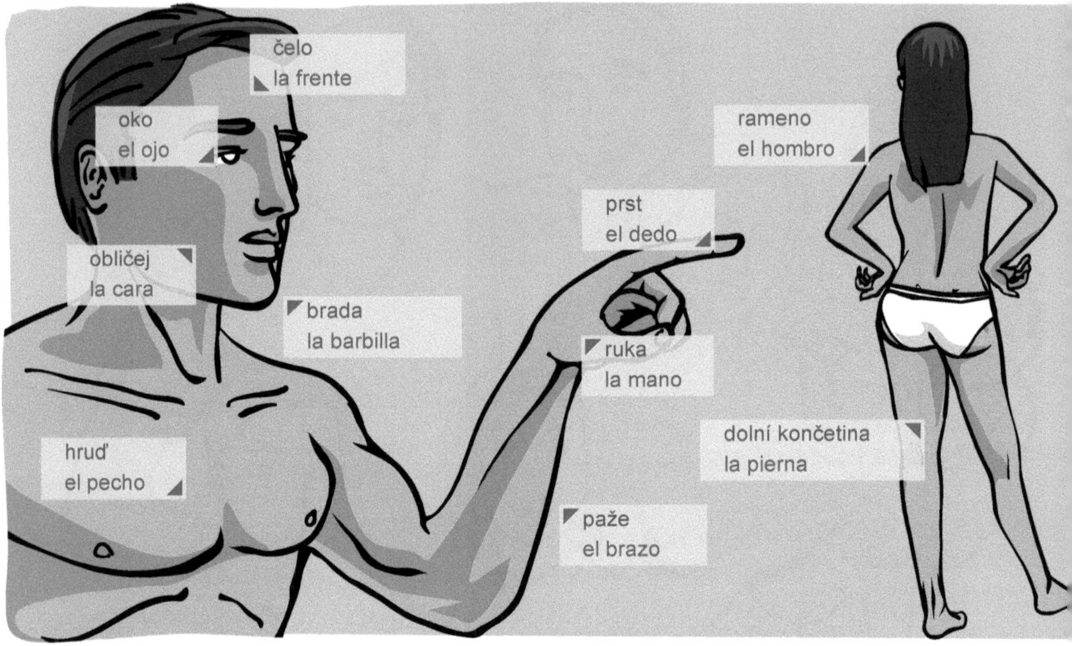

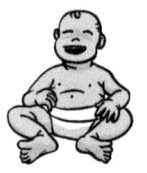

dítě

el bebé

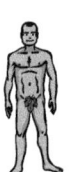

muž

el hombre

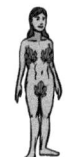

žena

la mujer

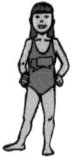

dívka

la chica

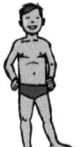

chlapec

el chico

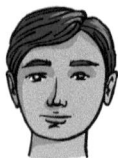

hlava

la cabeza

záda

la espalda

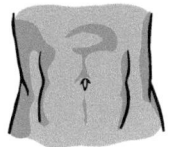

břicho

el vientre

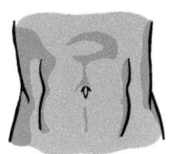

pupík

el ombligo

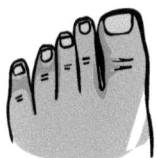

prst na noze

el dedo del pie

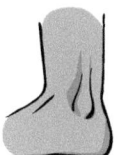

pata

el talón

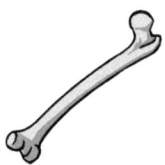

kost

el hueso

bok

la cadera

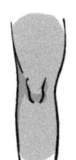

koleno

la rodilla

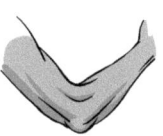

loket

el codo

nos

la nariz

zadek

el trasero

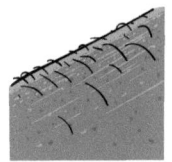

kůže

la piel

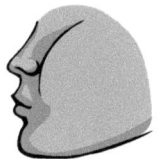

tvář

la mejilla

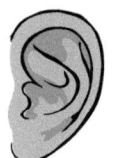

ucho

el oído

ret

el labio

tělo - el cuerpo

69

ústa
la boca

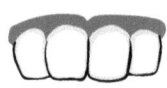

zub
el diente

jazyk
la lengua

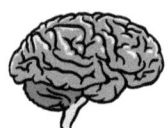

mozek
el cerebro

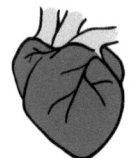

srdce
el corazón

sval
el músculo

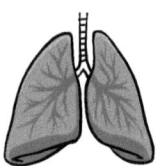

plíce
el pulmón

játra
el hígado

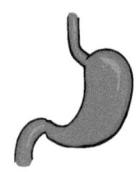

žaludek
el estómago

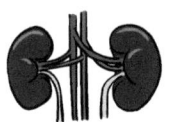

ledviny
los riñones

pohlavní styk
el sexo

kondom
el condón

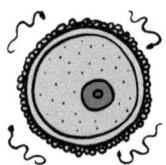

vajíčko
el ovario

sperma
el semen

těhotenství
el embarazo

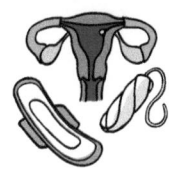

menstruace

la menstruación

vagina

la vagina

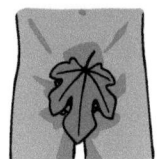

penis

el pene

obočí

la ceja

vlasy

el pelo

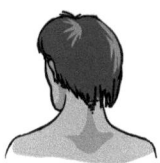

krk

el cuello

# nemocnice
# el hospital

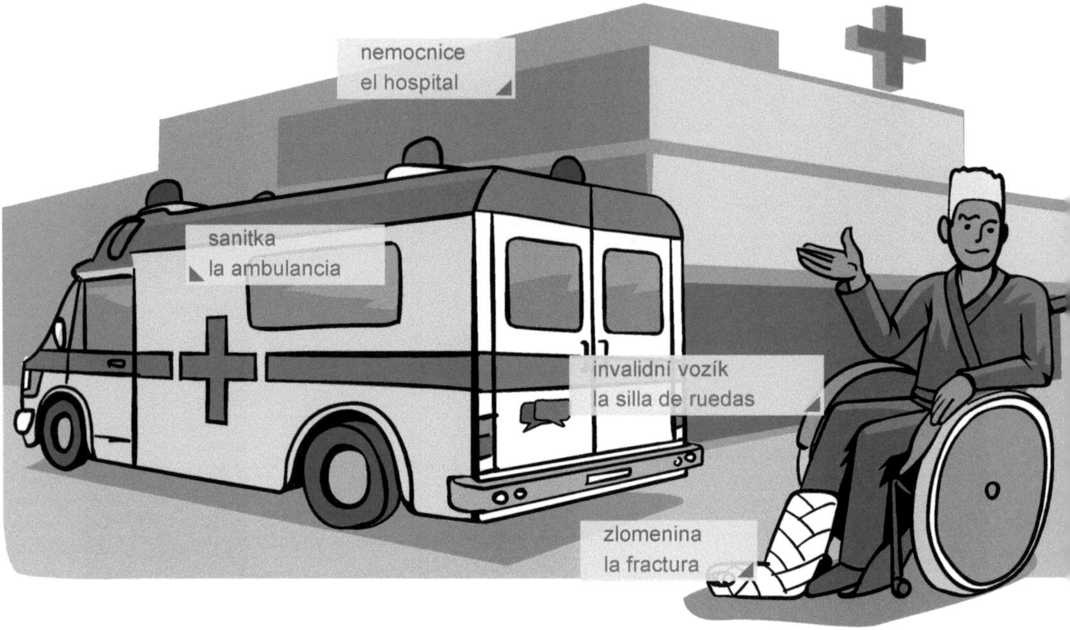

nemocnice
el hospital
sanitka
la ambulancia
invalidní vozík
la silla de ruedas
zlomenina
la fractura

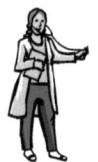

lékař

el médico

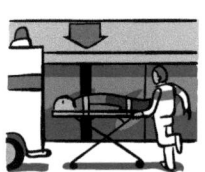

pohotovost

la sala de urgencias

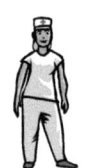

zdravotní sestra

la enfermera

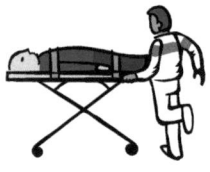

urgentní případ

la urgencia

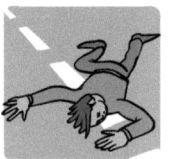

v bezvědomí

inconsciente

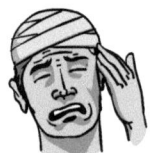

bolest

el dolor

úraz

la lesión

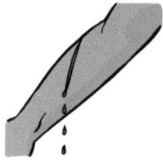

krvácení

la hemorragia

infarkt myokardu

el infarto

cévní mozková příhoda

el ictus

alergie

la alergia

kašel

la tos

horečka

la fiebre

chřipka

la gripe

průjem

la diarrea

bolest hlavy

el dolor de cabeza

rakovina

el cáncer

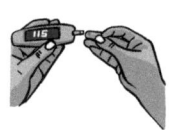

cukrovka

la diabetes

chirurg

el cirujano

skalpel

el bisturí

operace

la operación

CT
TAC

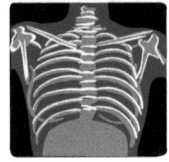

rentgen
los rayos x

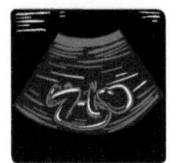

ultrazvuk
el ultrasonido

maska
la mascarilla

nemoc
la enfermedad

čekárna
la sala de espera

berle
la muleta

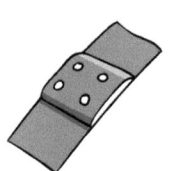

náplast
la tirita

obvaz
la venda

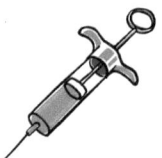

injekce
la inyección

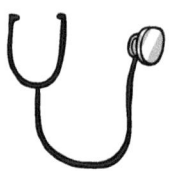

stetoskop
el estetoscopio

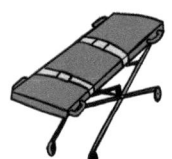

nosítka
la camilla

teploměr
el termómetro

porod
el nacimiento

nadváha
el sobrepeso

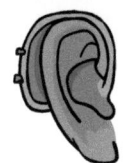

naslouchátko

el audífono

dezinfekční prostředek

el desinfectante

infekce

la infección

virus

el virus

HIV / AIDS

VIH / SIDA

lékařství

la medicina

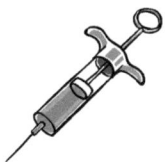

očkování

la vacunación

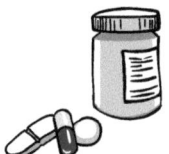

tablety

las tabletas

pilulka

la pastilla

tísňové volání

la llamada de urgencia

tonometr

el tensiómetro

nemocný / zdravý

enfermo / sano

Pomoc!

¡Socorro!

poplach

la alarma

přepadení

el asalto

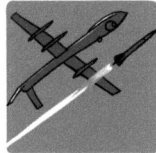

napadení

el ataque

nebezpečí

el peligro

nouzový východ

la salida de emergencia

Hoří!

¡Fuego!

hasicí přístroj

el extintor de incendios

nehoda

el accidente

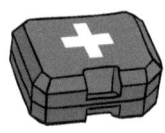

zdravotnická brašna

el botiquín de primeros auxilios

SOS

SOS

policie

la policía

Evropa

Europa

Severní Amerika

Norteamérica

Jižní Amerika

Sudamérica

Afrika

África

Asie

Asia

Austrálie

Australia

Atlantik

el atlántico

Pacifik

el Pacífico

Indický oceán

el Océano Índico

Jižní ledový oceán

el Océano Antártico

Severní ledový oceán

el Océano Ártico

severní pól

el polo norte

jižní pól

el polo sur

Antarktida

La Antártida

země

la tierra

pevnina

la tierra

moře

el mar

ostrov

la isla

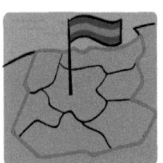

národ

la nación

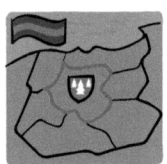

stát

el estado

ciferník

la esfera

hodinová ručička

la manecilla de las horas

minutová ručička

el minutero

vteřinová ručička

el segundero

Kolik je hodin?

¿Qué hora es?

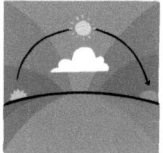

den

el día

čas

el tiempo

teď

ahora

digitální hodinky

el reloj digital

minuta

el minuto

hodina

la hora

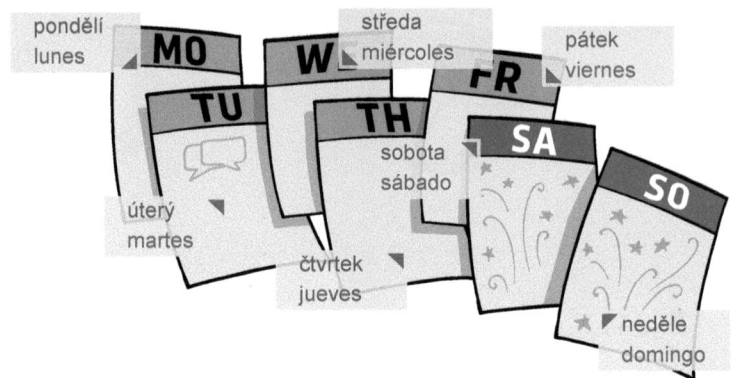

pondělí
lunes

středa
miércoles

pátek
viernes

úterý
martes

čtvrtek
jueves

sobota
sábado

neděle
domingo

včera
ayer

dnes
hoy

zítra
mañana

ráno
la mañana

poledne
el mediodía

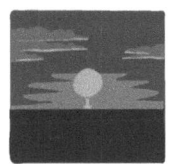

večer
la tarde

| MO | TU | WE | TH | FR | SA | SU |
|----|----|----|----|----|----|----|
| 1 | 2 | 3 | 4 | 5 | 6 | 7 |
| 8 | 9 | 10 | 11 | 12 | 13 | 14 |
| 15 | 16 | 17 | 18 | 19 | 20 | 21 |
| 22 | 23 | 24 | 25 | 26 | 27 | 28 |
| 29 | 30 | 31 | 1 | 2 | 3 | 4 |

pracovní dny
los días laborables

| MO | TU | WE | TH | FR | SA | SU |
|----|----|----|----|----|----|----|
| 1 | 2 | 3 | 4 | 5 | 6 | 7 |
| 8 | 9 | 10 | 11 | 12 | 13 | 14 |
| 15 | 16 | 17 | 18 | 19 | 20 | 21 |
| 22 | 23 | 24 | 25 | 26 | 27 | 28 |
| 29 | 30 | 31 | 1 | 2 | 3 | 4 |

víkend
el fin de semana

# rok

# el año

déšť
la lluvia
duha
el arcoíris
sníh
la nieve
vítr
el viento
jaro
la primavera
podzim
el otoño
léto
el verano
zima
el invierno


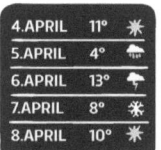

4.APRIL 11°
5.APRIL 4°
6.APRIL 13°
7.APRIL 8°
8.APRIL 10°


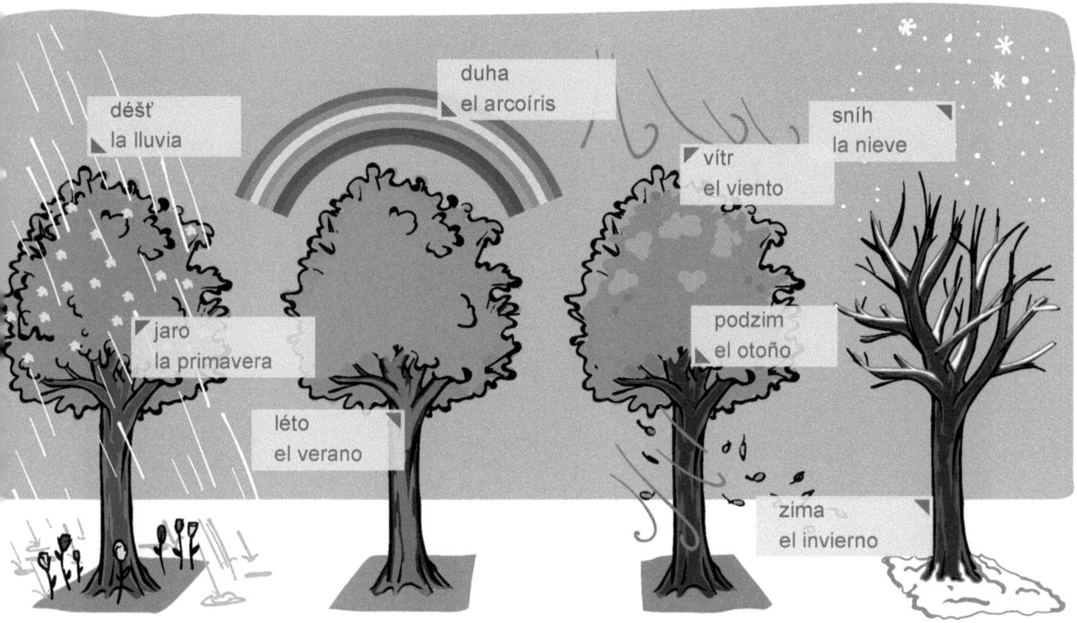

předpověď počasí

el pronóstico del tiempo

F
C
120
90
60
30
0
-30
40
30
20
10
0
-10
-20


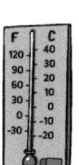

teploměr

el termómetro

sluneční svit

el sol

mrak

la nube

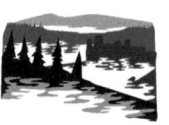

mlha

la niebla

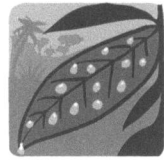

vlhkost

la humedad

blesk

el rayo

hrom

el trueno

bouřka

la tormenta

kroupy

el granizo

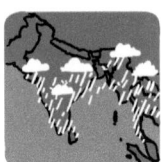

monzun

el monzón

povodeň

la inundación

led

el hielo

leden

enero

únor

febrero

březen

marzo

duben

abril

květen

mayo

červen

junio

červenec

julio

srpen

agosto

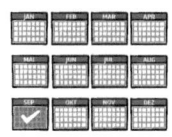

září
..................
septiembre

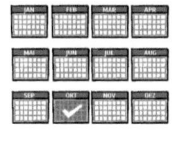

říjen
..................
octubre

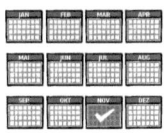

listopad
..................
noviembre

prosinec
..................
diciembre

## tvary

## las formas

kruh
..................
el círculo

čtverec
..................
el cuadrado

obdélník
..................
el rectángulo

trojúhelník
..................
el triángulo

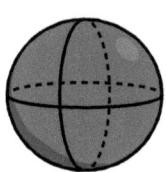

koule
..................
la esfera

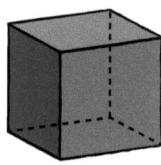

krychle
..................
el cubo

# barvy
## colores

bílá

blanco

žlutá

amarillo

oranžová

anaranjado

růžová

rosa

červená

rojo

fialová

morado

modrá

azul

zelená

verde

hnědá

marrón

šedá

gris

černá

negro

hodně / málo

mucho / poco

rozzuřený / mírumilovný

enojado / tranquilo

krásný / ošklivý

bonito / feo

začátek / konec

principio / fin

velký / malý

grande / pequeño

světlý / tmavý

claro / oscuro

bratr / sestra

el hermano / la hermana

čistý / špinavý

limpio / sucio

úplný / neúplný

completo / incompleto

den / noc

el día / la noche

mrtvý / živý

muerto / vivo

široký / úzký

ancho / estrecho

jedlý / nejedlý

comestible / no comestible

zlý / hodný

malo / amable

vzrušený / znuděný

entusiasmado / aburrido

tlustý / hubený

gordo / delgado

nejdříve / naposledy

primero / último

přítel / nepřítel

el amigo / el enemigo

plný / prázdný

lleno / vacío

tvrdý / měkký

duro / blando

těžký / lehký

pesado / ligero

hlad / žízeň

el hambre / la sed

nemocný / zdravý

enfermo / sano

ilegální / legální

ilegal / legal

inteligentní / hloupý

inteligente / tonto

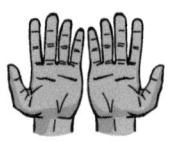

vlevo / vpravo

izquierda / derecha

blízko / daleko

cerca / lejos

nový / použitý

nuevo / usado

nic / něco

nada / algo

starý / mladý

viejo / joven

zapnutý / vypnutý

encendido / apagado

otevřeno / zavřeno

abierto / cerrado

tichý / hlasitý

silencioso / ruidoso

bohatý / chudý

rico / pobre

správný / špatný

correcto / incorrecto

drsný / hladký

áspero / suave

smutný / šťastný

triste / contento

krátký / dlouhý

corto / largo

pomalý / rychlý

lento / rápido

vlhký / suchý

húmedo / seco

teplý / chladný

cálido / frío

válka / mír

guerra / paz

| **0** | **1** | **2** |
|---|---|---|
| nula | jedna | dva |
| cero | uno | dos |

| **3** | **4** | **5** |
|---|---|---|
| tři | čtyři | pět |
| tres | cuatro | cinco |

| **6** | **7** | **8** |
|---|---|---|
| šest | sedm | osm |
| seis | siete | ocho |

| **9** | **10** | **11** |
|---|---|---|
| devět | deset | jedenáct |
| nueve | diez | once |

## 12
dvanáct

doce

## 13
třináct

trece

## 14
čtrnáct

catorce

## 15
patnáct

quince

## 16
šestnáct

dieciséis

## 17
sedmnáct

diecisiete

## 18
osmnáct

dieciocho

## 19
devatenáct

diecinueve

## 20
dvacet

veinte

## 100
sto

cien

## 1.000
tisíc

mil

## 1.000.000
milion

el millón

angličtina

el inglés

americká angličtina

el inglés americano

standardní čínština

el chino madarín

hindština

el hindi

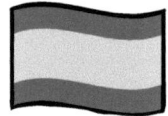

španělština

el español

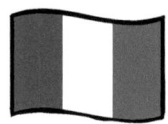

francouzština

el francés

arabština

el árabe

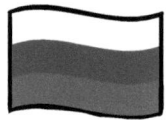

ruština

el ruso

portugalština

el portugués

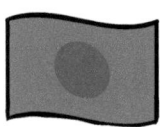

bengálština

el bengalí

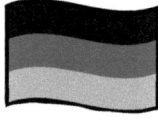

němčina

el alemán

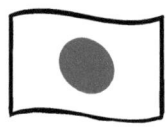

japonština

el japonés

já
yo

ty
tú

on / ona / ono
él / ella / ello

my
nosotros/as

vy
vosotros/as

oni
ellos/as

Kdo?
¿quién?

Co?
¿qué?

Jak?
¿cómo?

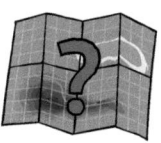

Kde?
¿dónde?

Kdy?
¿cuándo?

jméno
el nombre

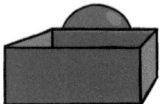

za

detrás

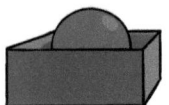

do

en

z

delante de

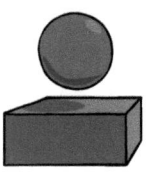

nad

por encima de

na

sobre

mezi

debajo de

vedle

junto a

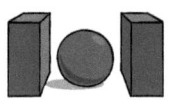

mezi

entre

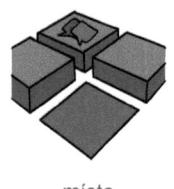

místo

el lugar